# L'ALPHABET DES ANIMAUX

# A

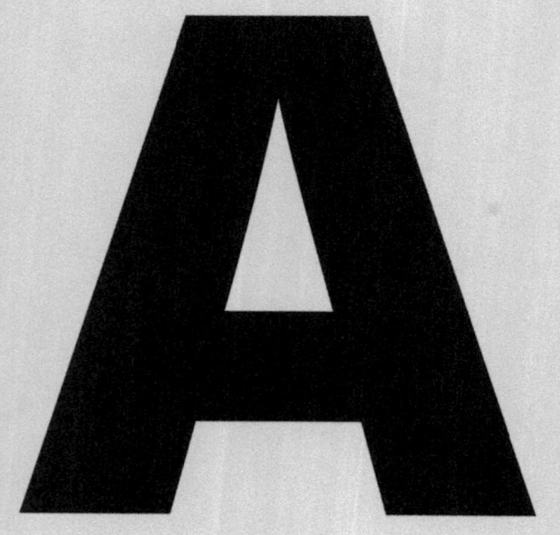
J'ai de grandes oreilles
Ma femelle est l'ânesse
Je mange de l'herbe

Je suis l'âne

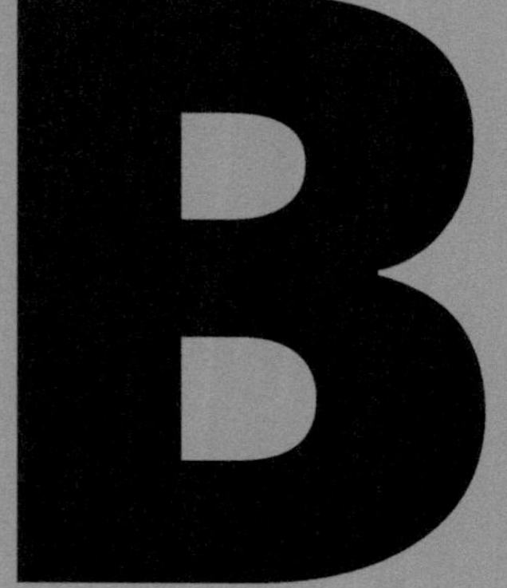
B
Je suis la femelle du mouton
Je fournis deux litres de lait par jour
Mon petit est un agneau

Je suis la brebie

C

Je chante "quack quack quack"

Mon petit c'est le caneton

Je vit dans le lac

Je suis le canard

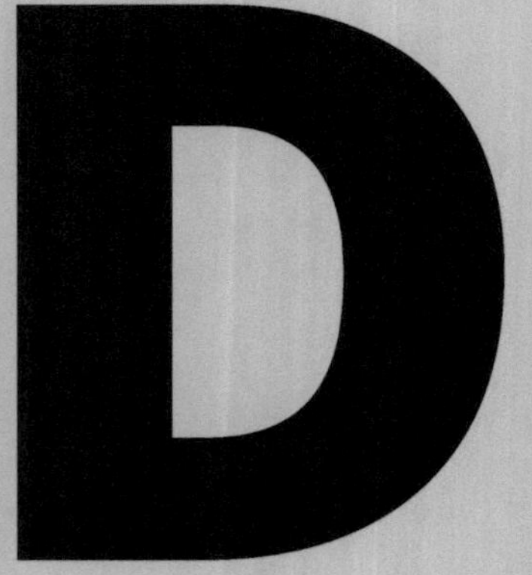

# D

Je suis un mammifère marin
Je suis l'ami de l'homme
j'ai une peau très lisse

Je suis le dauphin

# E

Je suis le plus grand animal sur terre
Je vis en Afrique et en Asie
Mon petit est un éléphanteau

Je suis l'éléphant

F

Je vis dans une fourmilière

Je suis une insecte

Je possède une paire d'antennes

Je suis la fourmi

Je possède un très long cou
Mon petit est un girafon
Je vis dans la savane

Je suis la girafe

# H

Je vis dans l'eau et sur terre
Je suis très très lourd
Je mange de l'herbe

Je suis l'hippopotame

Je suis un reptile
J'ai de très belles couleurs
Mon dot est couvert d'écailles

Je suis
l'iguane

J
Je vis dans la forêt
Je ressemble à un léopart
J'aime nager

Je suis le jaguar

# K

J'ai un gros nez noir
Je dors 22 heures par jour
Je ne bois pas d'eau

Je suis le koala

# L

Mon petit est un lapinot
J'aime manger la carotte
J'ai de grandes oreilles

Je suis
le lapin

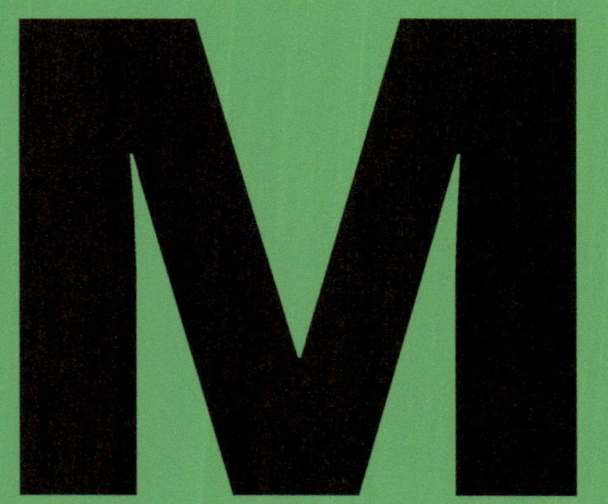

Mon petit est un agneau
J'ai de la laine sur mon dot
Je mange de l'herbe

Je suis
le mouton

N
Mon surnom est la licorne de mer
Ma corne mesure jusqu'à 3 métres
J'allaite mon petit jusqu'à 2 ans

Je suis
le narval

Je suis un mammifère
Je dors pendant tout l'hiver
Mon petit est un ourson

Je suis l'ours

P
Mon bébé à la naissance est miniscule
J'aime manger le bambou
Je vis en Chine

Je suis
le panda

Q
J'ai des plumes colorées
J'aime manger les avocats sauvages
J'ai une longue queue verticale

Je suis le quetzal

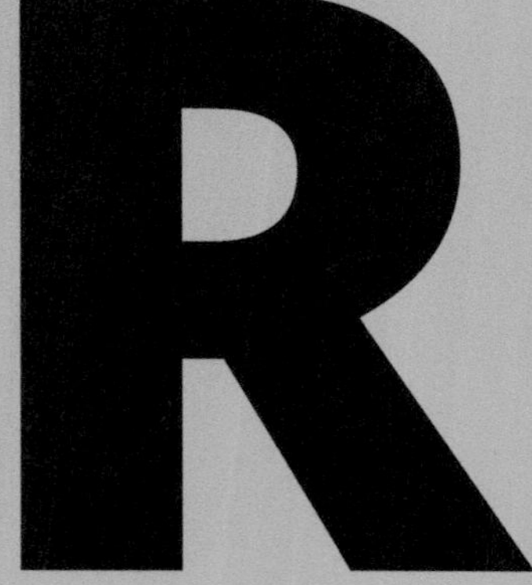


R
Je me nouris des insectes
Mon chant est très agréable à écouter
J'ai des plumes brunes et légères

Je suis le rossignol

S
Je suis un mammifère
J'aime manger la banane
Ma femelle est la guenon

Je suis
le singe

T
Je suis un bon nageur
Ma femelle est une tigresse
Mon cri est un fieulement

Je suis
le tigre

U



J'ai de grandes cornes
Je suis le cousin du mouton
Je vis en asie

Je suis
l'urial

Mon petit est le veau
Mon mâle est le taureau
Je suis de la race des bovines

Je suis
la vache

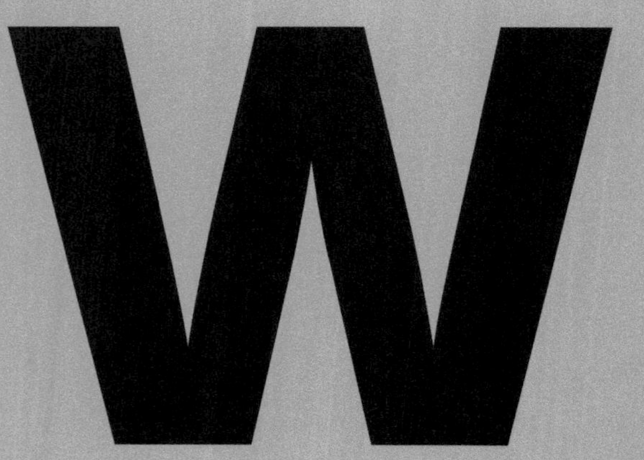

W

Je ressemble à un kangourou de petite taille
Je mange avec les mains
Je mange de l'herbe

Je suis
le wallaby

X
Je me mets sur mes deux pieds
Je vis dans un terrier
Je mange de l'herbe

Je suis
le xérus

Je vis dans les montagnes froides
J'ai de longs poiles
J'ai de grandes cornes

Je suis le yak

# Z

Je suis noir avec des rayures blanches
Mon petit est le zébreau
Je vis dans la savane

Je suis le
zébre